合格力養成シリーズ

有名小入試 項目別問題集

ステップナビ D 実践編1

言語・常識

Shinga-kai

1 言葉探し①

A

B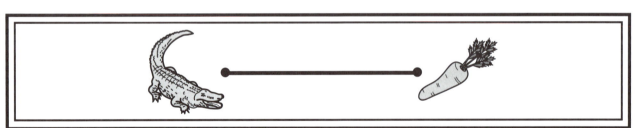

2 言葉探し②

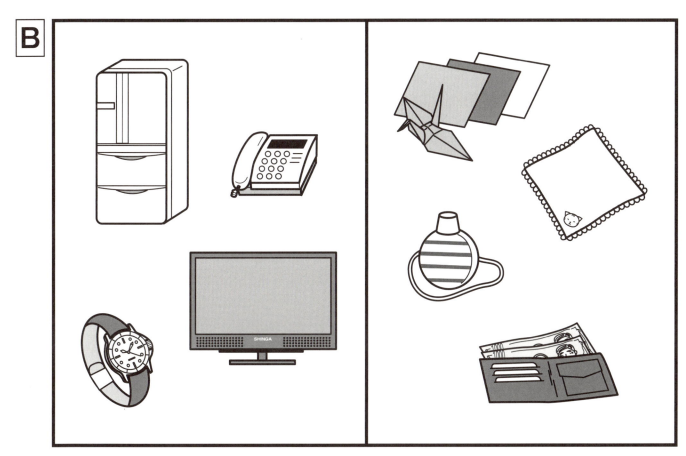

3 言葉探し③

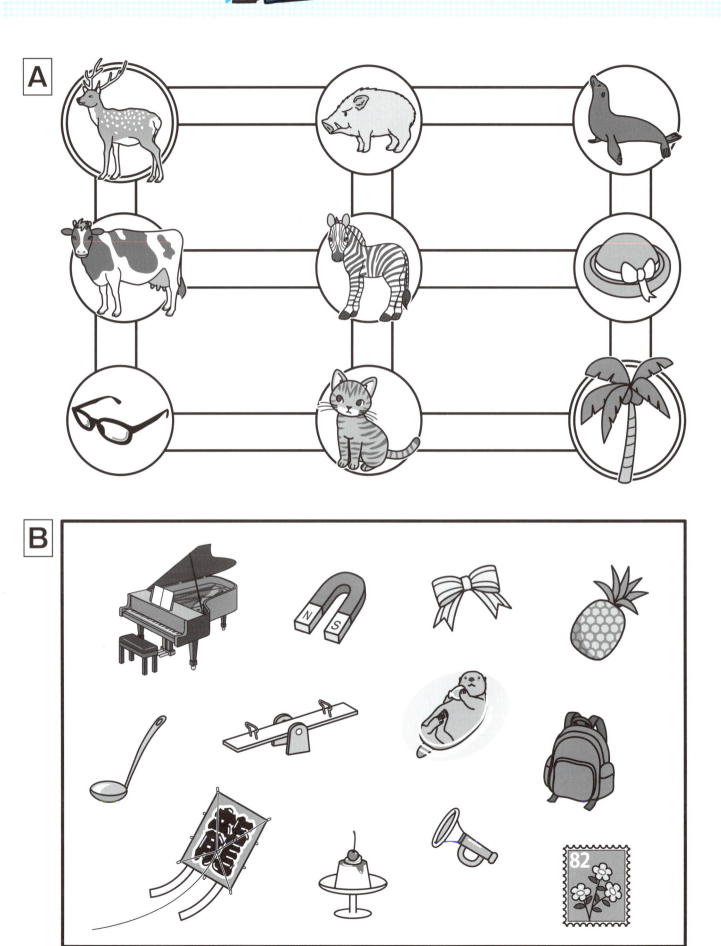

4 言葉探し④

5 言葉探し⑤

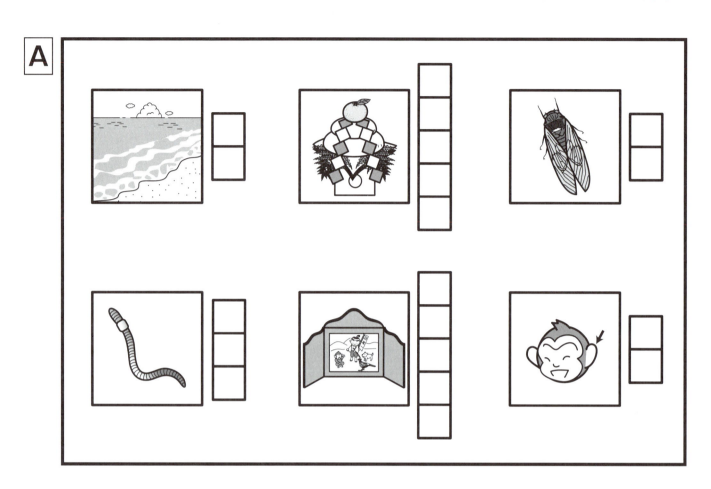

6 同頭語①

A

B

7 同頭語②

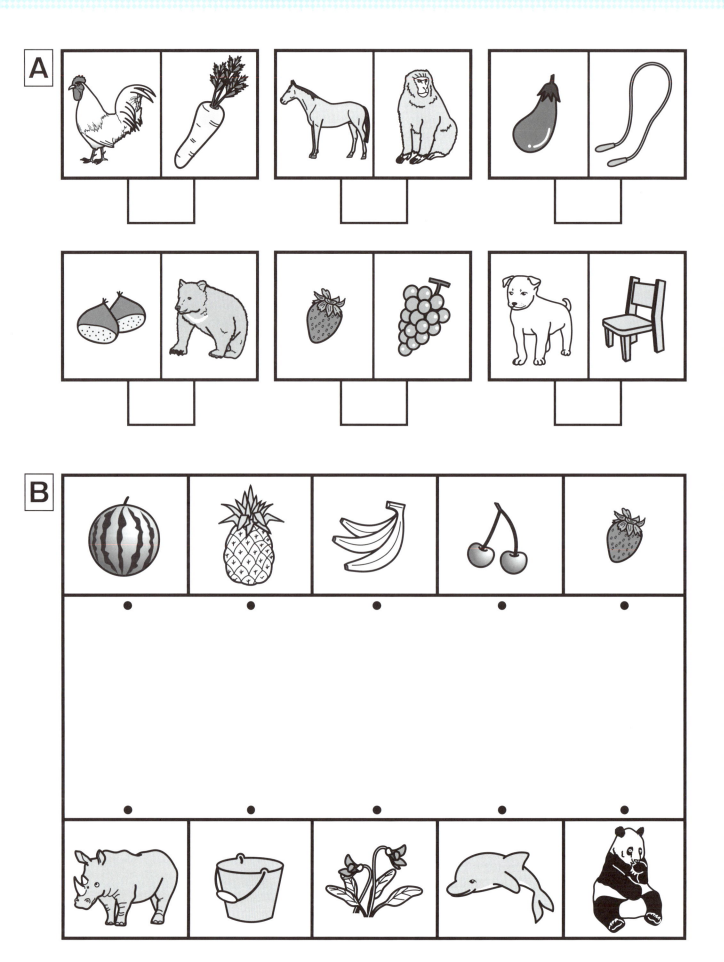

8 同頭語・同尾語①

9 同頭語・同尾語②／言葉作り①

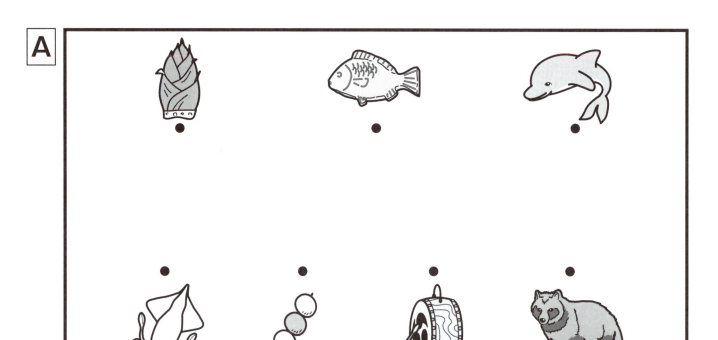

A

B

10 同頭語・同尾語③

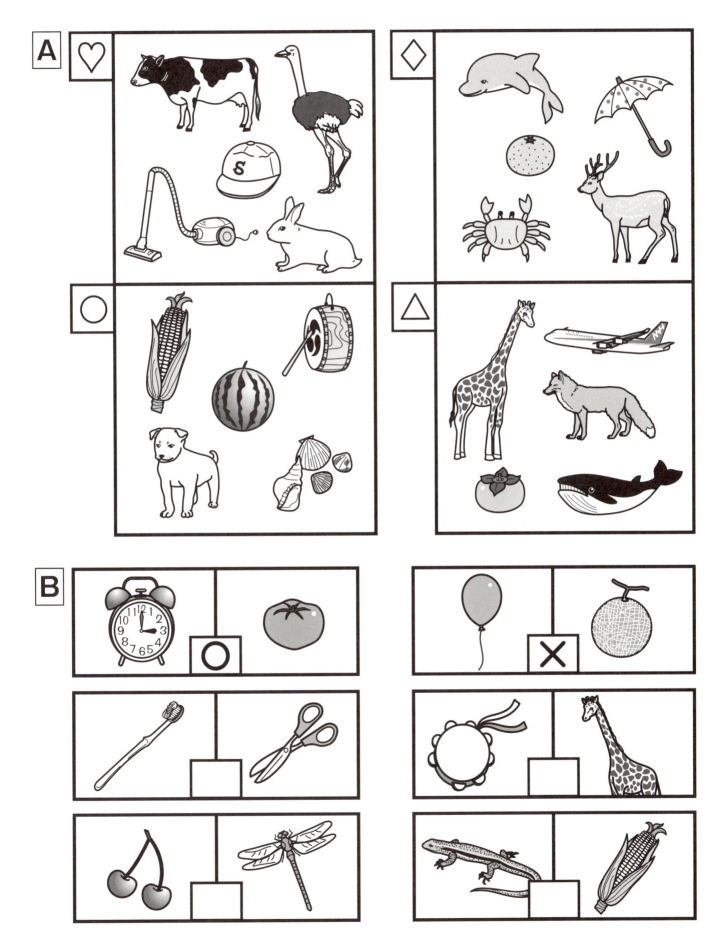

11 同頭語・同尾語④

同頭語・同尾語⑤

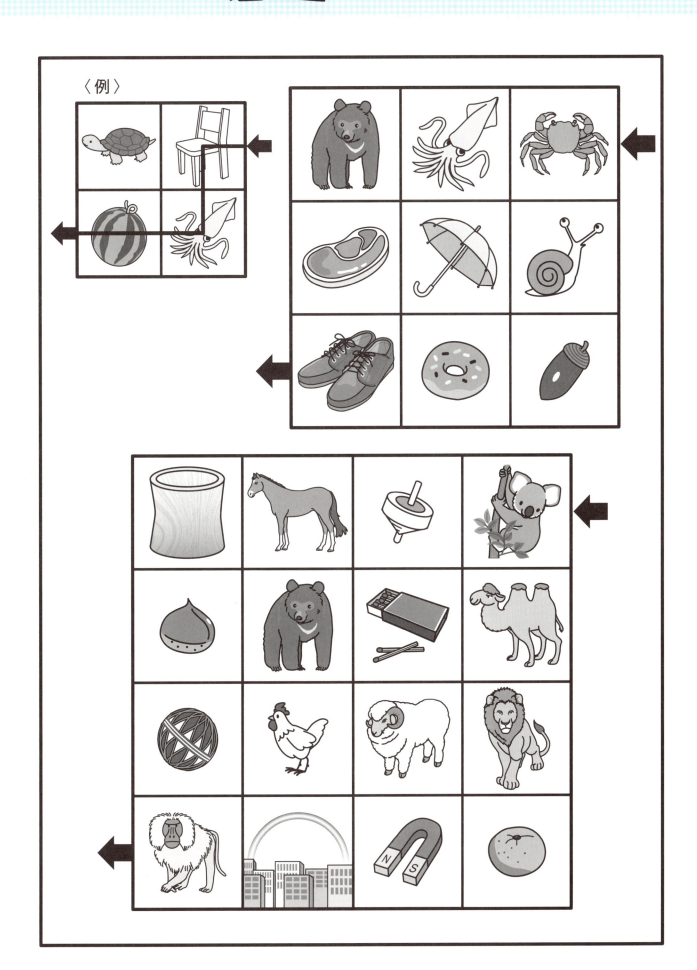

13 同尾語①

14 同尾語②

15 同音異義語① / 動作を表す言葉①

16 同音異義語②

17 同音異義語③

A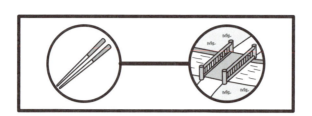

B

18 同音異義語④／反対語

19 様子を表す言葉①

20 様子を表す言葉②

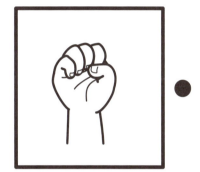 

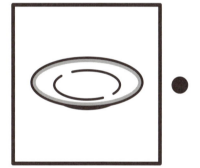 

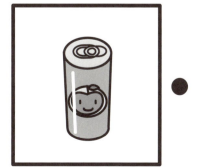 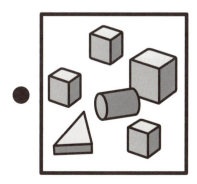

21 様子③／動作を表す言葉②

22 動作を表す言葉③

23 動作を表す言葉④

24 言葉作り②

25 言葉作り③

26 言葉作り④

27 言葉作り⑤

B

28 言葉作り⑥

A

B

31

29 言葉作り⑦

30 言葉作り⑧

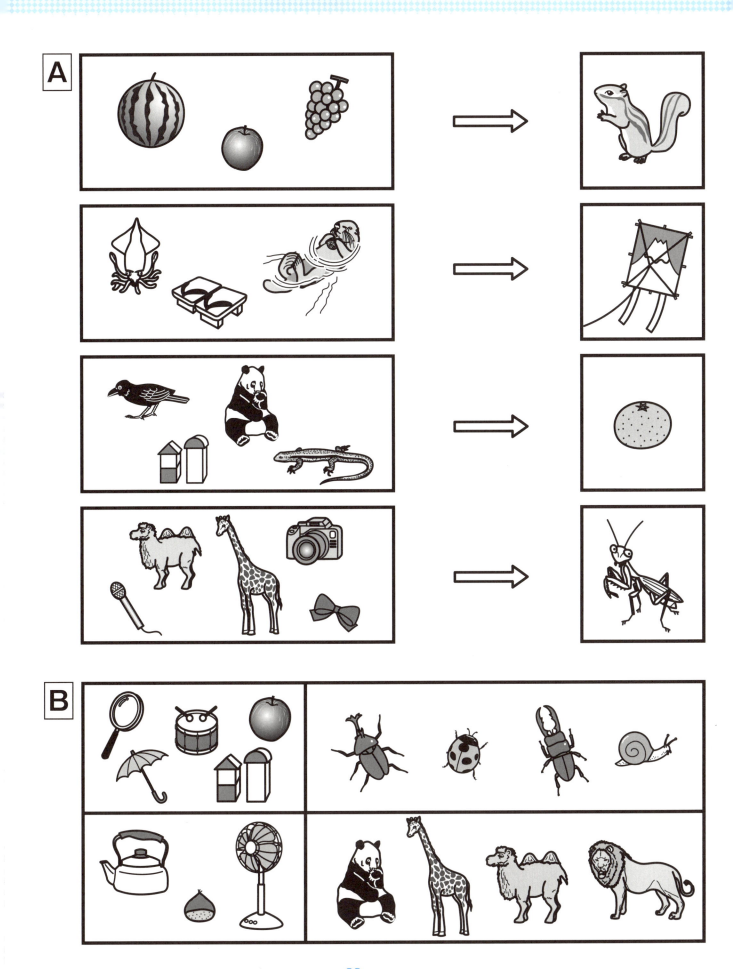

31 生活①

32 生活②

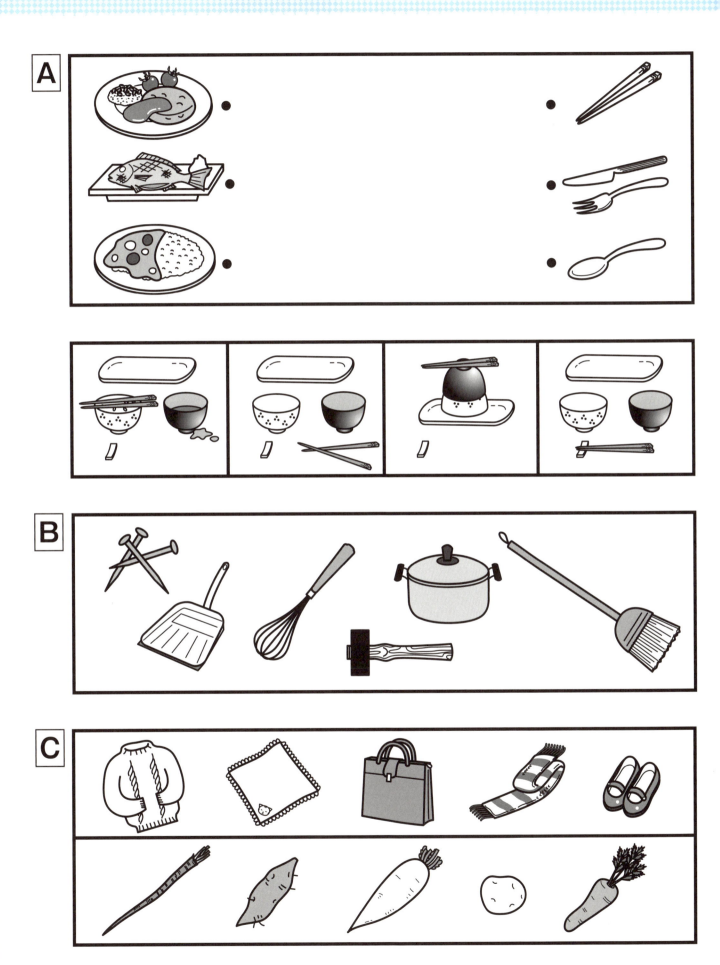

33 生活③

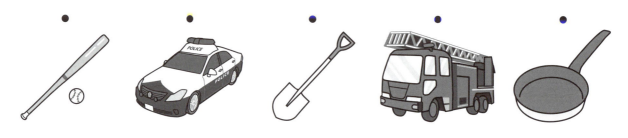

34 生活④

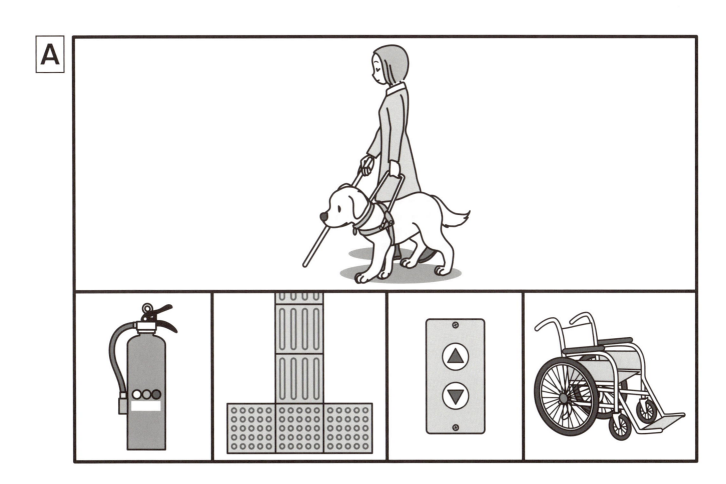

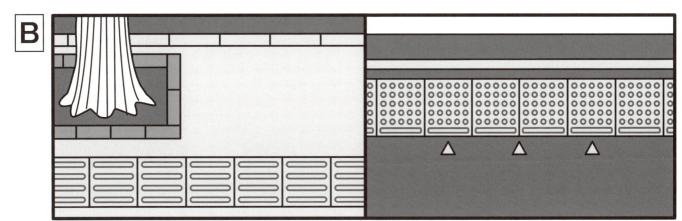

35 生活⑤

36 生活⑥

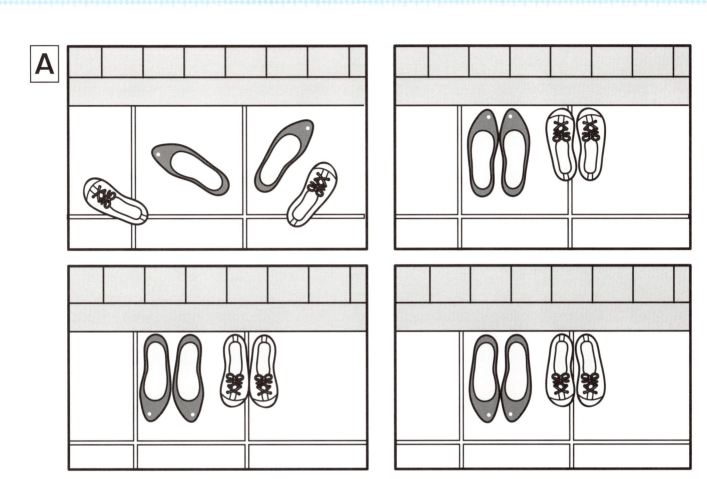

37 生活⑦

38 季節①

39 季節②

40 季節③

41 季節 ④

42 季節⑤

43 季節⑥

44 身体の部位 / なぞなぞ①

A

B

45 なぞなぞ②

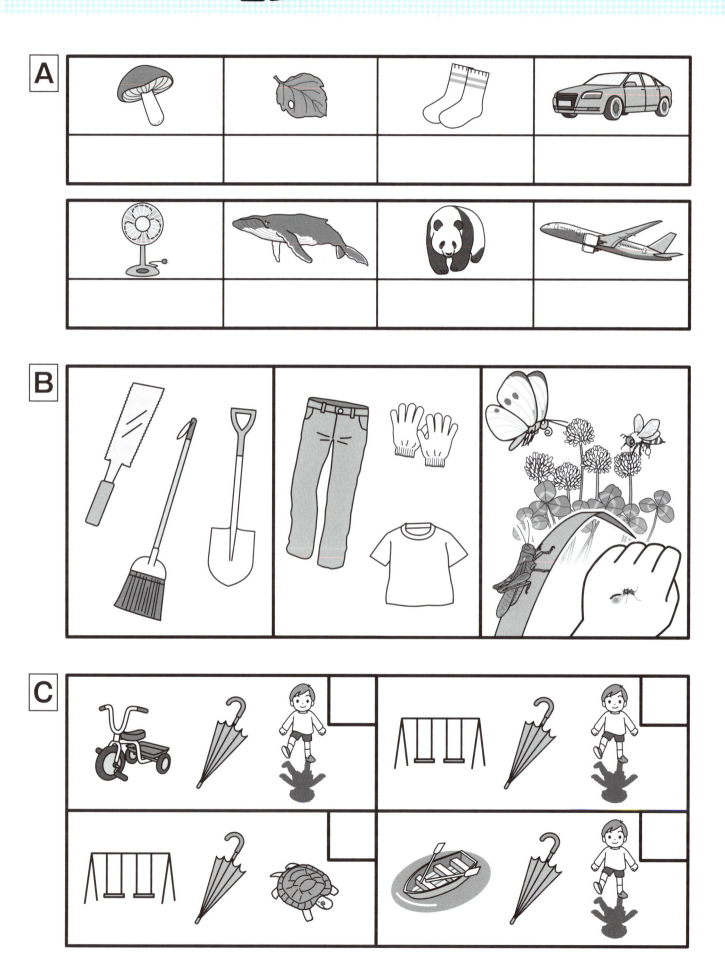

46 3ヒント

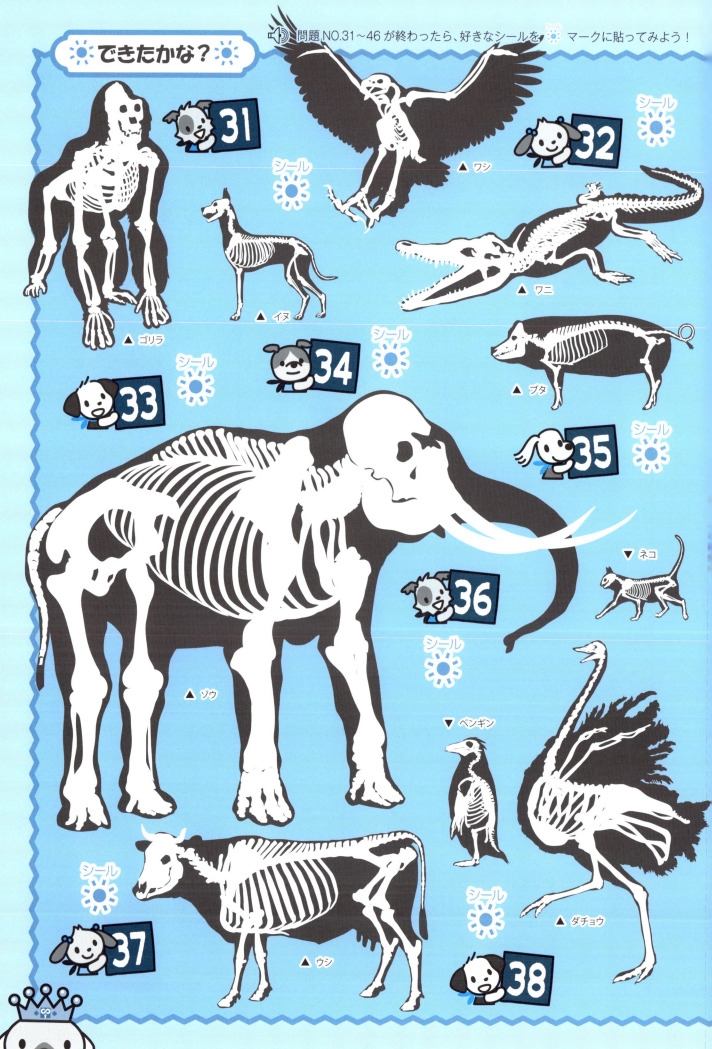

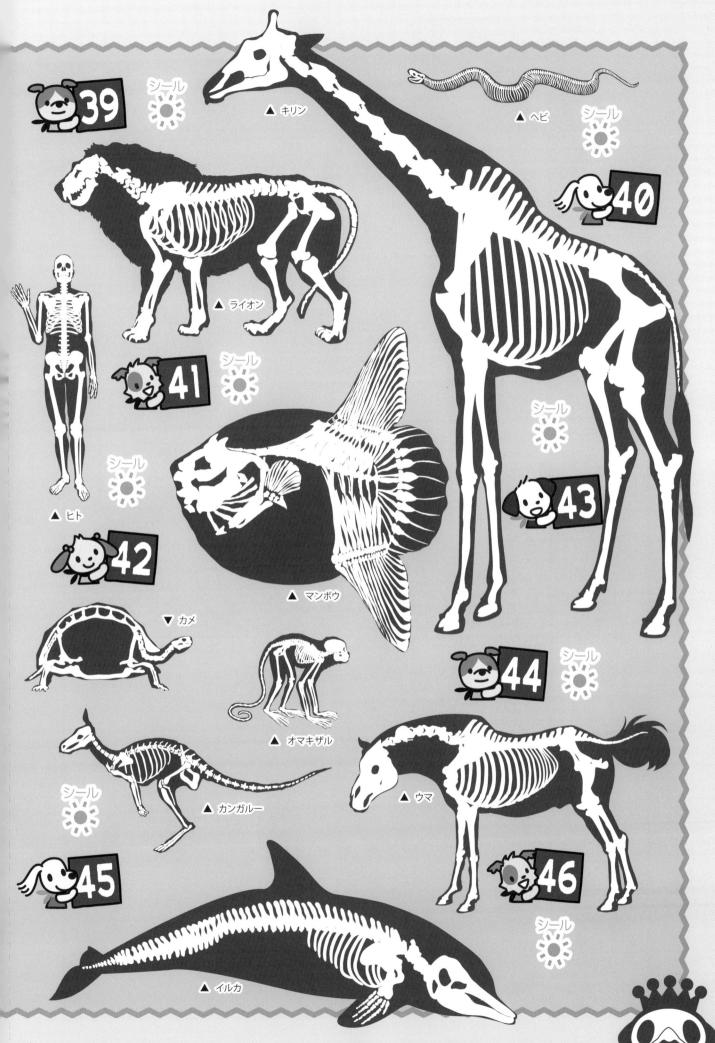

47 仲間探し①

48 仲間探し②

49 仲間探し③

A
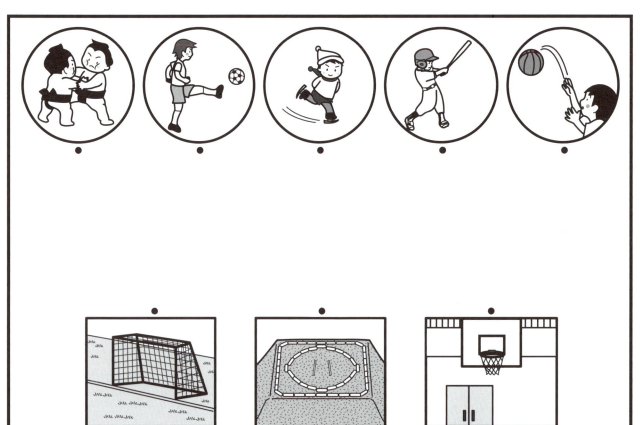

B
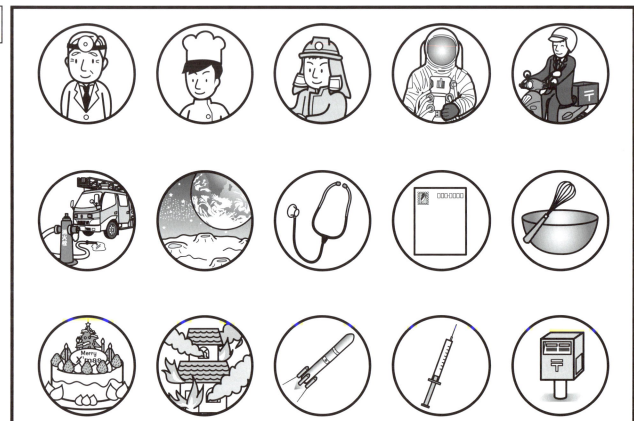

50 仲間探し④

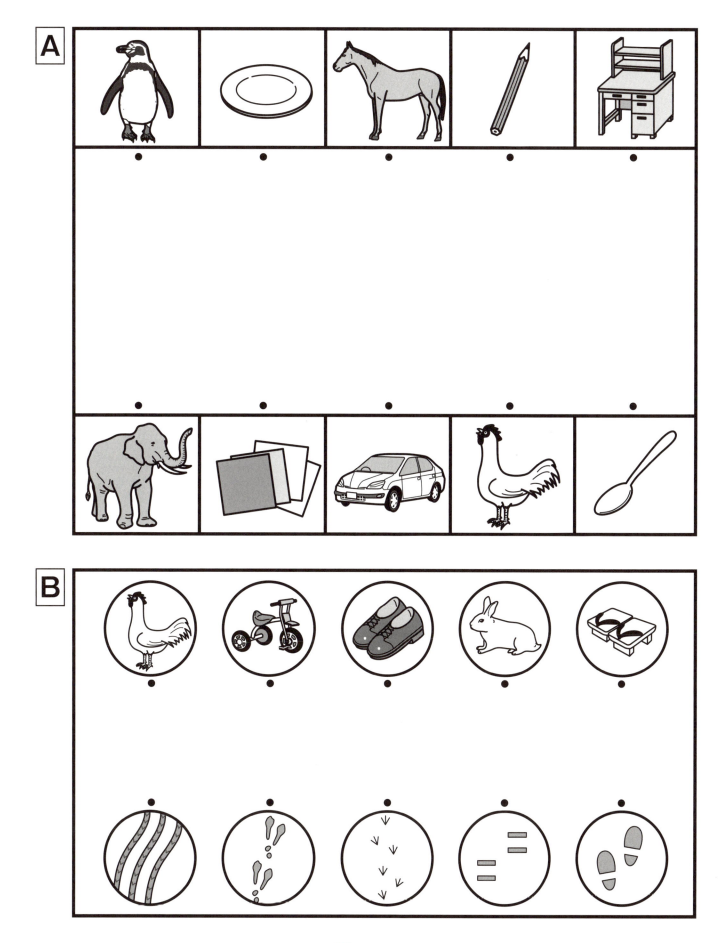

51 仲間探し⑤

52 仲間分け①

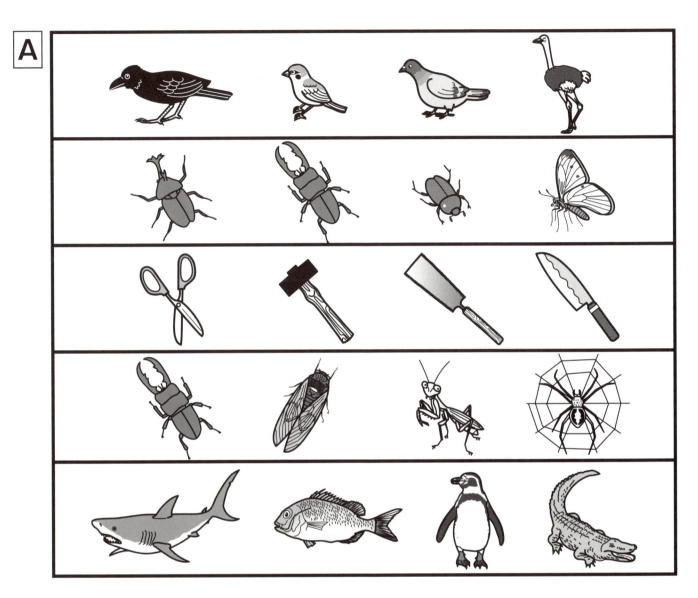

53 仲間分け②

A

B

54 仲間分け③

55 仲間分け④

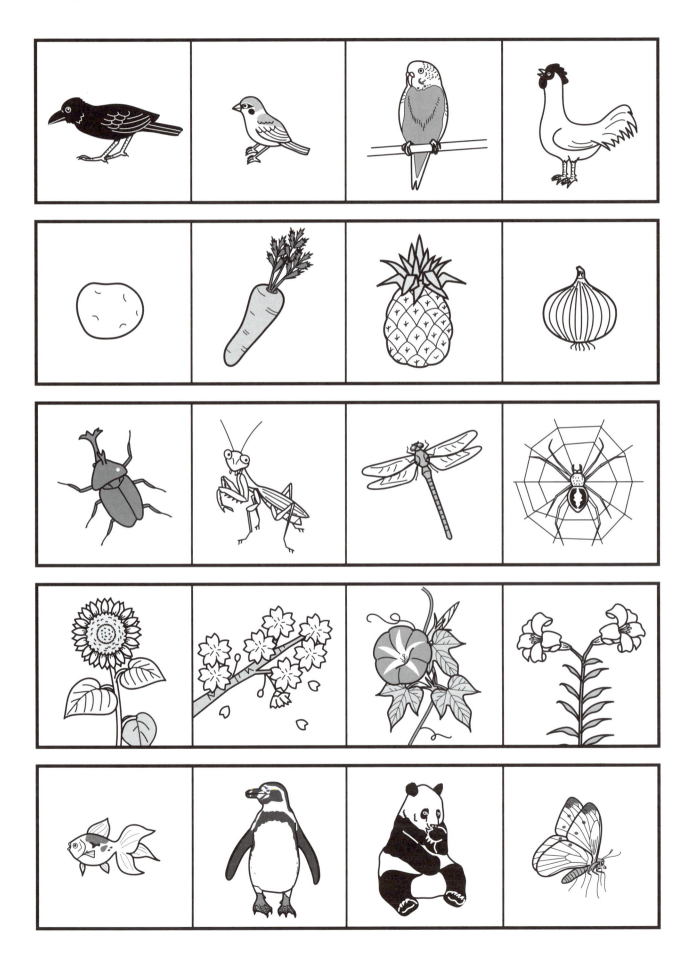

56 複合①

57 複合②

# 58 複合③

59 複合④

* ここからは問題&解答例集です。冊子はとじ込んでありますので、
破れないよう矢印の方向へゆっくりと引き抜いてください。

合格力養成シリーズ

ピンポイントアドバイス付き！

問題 & 解答例

有名小入試 項目別問題集

ステップナビ D 実践編1

言語・常識

Shinga-kai

矢印の方向に引くと別冊の問題＆解答例が外れます

▶ 言語・常識　実践編1

この本の使い方

準備
・問題と解答例には必ず目を通し、内容を把握しておいてください。
・子ども用の問題は、ミシン線から1枚ずつ切り離すことができます。
用意するもの
鉛筆、クレヨンまたはクーピーペン、ボールペン、カラーペンなど。

実施にあたって
・この問題集は、家庭でも使いやすいように問題の難易度が3段階で示されています。★が増えるごとに難易度が上がりますので、問題を解く際の目安にしてください。
・答え合わせをした後は、お子さんのために「できたよ！ワクワクシール」を「できたかな？」ページの「シール☀」に貼ってください。
・1日の学習が終わりましたら、問題＆解答例の「習熟度 Check sheet」（29ページ）に学習の成果を記録しておきましょう。

解答を誤ったときは……
実際の試験での訂正方法は「＝」や「×」など、学校によって違います。本書では「//」を使用することを原則としますが、実際の試験で困らないようさまざまな方法をお試しください。

受験準備が初期の方へ
・実際の入試問題に「慣れる」ということに主眼を置いてください。
・時間を制限せず、全問解けるまでじっくりと取り組んでください。
・お子さんが解けない問題や、効率的でない解き方をしている場合は、そのつどご指導ください。
・1日の実施問題数は、お子さんが「もう少しやってみたい」と思うくらいでやめておき、「やる気」を引き出すように心掛けましょう。

受験準備が進まれている方へ
・項目別の実力テストとしてご使用ください。
・お子さんの解答中はアドバイスを控え、一通り問題を解いた後にご指導ください。
・1日の実施問題数を決め、気分に左右されないで問題が解けるようにしてください。

▶ 入試領域で出題されるトップ5

小学校受験で多く出題される問題領域は、大きく分けて「数量・比較」「推理・思考」「図形・観察力」「言語・常識」「話の記憶」です。本シリーズでは、ペーパーテストの代表的な領域の典型的な問題を入門編、基礎編、応用編、実践編に網羅しています。どの学校のペーパーテストにも共通する基本問題から複合的な実践問題まで、お子さんの習熟レベルに合わせ、くり返し学習することで実力をつけることができます。また、同じテーマの問題がいろいろな形で収録されていますので、問題のつまずき箇所の発見、苦手分野の克服にも最適です。この「項目別問題集ステップナビ」の対象年齢は5～6歳ですが、入門編は3歳からスタートできますのでぜひ活用してみてください。

領域	数量・比較	推理・思考	図形・観察力	言語・常識	話の記憶
概要	計数、数の合成、分割、同数・異数発見、比較、積み木、増減	位置、左右弁別、迷路、系列完成、鏡映図、対称・回転図形	構成、同図形・異図形発見、欠所補完、間違い探し、置き換え	しりとり、なぞなぞ、一般常識、道徳、昔話、季節の行事、自然	短文、長文、話の理解、順番

言語・常識 実践編1

 マリ先生の「合格力養成講座」
言語・常識の効果的な学習方法

🏠 言語力をつけるためには語彙を増やす

Q 言葉の問題が苦手なようです。得意になる方法はありますか？

言葉に関心がある子は、知らない言葉や新しいものに対する興味が旺盛です。言葉を覚える2、3歳ごろから、周りの大人がどのように対応してきたかという結果でもあります。まずは知っている言葉と知らない言葉を確かめましょう。ものの名前は、お家の中で探検ごっこをして台所やお風呂場、リビングに置いてあるものの名前を知っているか確かめてみたり、お店などの売り場では知らないもの探しをしたりしてみましょう。表現力を高めるための言葉は、絵本から。うれしい、悲しい、寂しいなどの感情を表す言葉と、なぜそう感じたかを確認し、そして自分の思ったことを言葉にする機会を多くつくりましょう。言葉の意味や面白さに気づくことが、何が描いてあるかの理解を深めることにつながり、言葉の感性を磨きます。

Q 言葉は知っているはずなのにテストで得点できません。結果に結びつけるには？

言語の問題は、絵の解釈によって全く違う答えになってしまうことがあります。何の絵か不確かであれば「どこで見たかな？」などヒントを与えてみましょう。ものの正確な言い方を知ること、具体的なイメージが持てること、そしていろいろな絵に慣れておくことが重要です。また言葉の問題では音の数も大切です。詰まった音や伸ばす音は一音と数えることも確認しておきましょう。音の正しい認識ができているかは、その後の書写教育の基本にもなります。解答方法もさまざまなので、クイズのように楽しんで問題に取り組めると正解することへのモチベーションやスピードアップにつながります。

🏠 常識は親子のコミュニケーションの成果

Q 季節の中でも行事の順番が覚えられないようなのですが？

幼児の生活時間を考えると、1年の流れをつかむのは至難の業です。まずは四季の流れと、その中の行事を整理することから始めましょう。行事に関係するものの絵や写真を集め、4つの季節を円になるよう順番に並べた中に当てはまる行事の絵や写真を入れましょう。次にそれぞれの中で、何月にあるかや順番を考えます。1年が12ヵ月あることを把握し、月と季節を結びつけて考えられるようにしていきましょう。すぐには理解しにくくても、壁などに貼っていつでも目に入るような工夫をすることで、自然に頭に入っていきます。少しの手間を惜しまず、大きな成果を得られるように頑張りましょう。

Q 常識問題のできにムラがあるようですが、特に重点をおいた方がよいものはありますか。

常識はジャンルが広いので、興味や関心の度合いによっては得手不得手が出てきやすい項目です。しかし、今までに身につけてきたものを見るための課題ですから、花や動物、昔話など基本的なものは、苦手であっても問題集などを通じてある程度知っておいた方がよいでしょう。ペーパー問題では解答する前にまず口頭で答えるなどして、知識の度合いを確かめてみましょう。お子さんと向き合うよい機会にもなります。また、近年出題が多いものは道徳、判断力といった公共の場での振る舞い方です。物事の善悪がきちんと意識できているかを確認し、一緒に出掛けた折に周りの状況を見る習慣をつけて、少しお兄さんお姉さんになったつもりで気をつけるべきことを口頭でも言えるようにしておきましょう。

▶ 言語・常識　実践編1

1 言葉探し①

A　　　　　　　　　　　　　　　　　　　関西大学初等部

・「イヌ」は名前の最初に、「太鼓」は名前の真ん中に「イ」の音があります。このように、名前のどこかに「イ」の音があるものを下から選んで○をつけましょう。

B　　　　　　　　　　　　　　　　　　　立命館小学校

・二重四角の中の絵を見てください。左の絵は「ワニ」です。右の絵は「ニンジン」です。どちらにも同じ「ニ」の音が入っているので、点と点を線で結びます。では下も同じように、左と右で同じ音が入っている絵を見つけて、点と点を線で結びましょう。

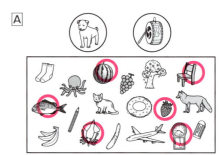
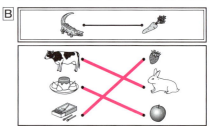

正解力 Tips　たくさんの絵の中から共通する音を探します。見落としのないよう、また声に出さなくても解答できるようにしましょう。

2 言葉探し②

A　　　　　　　　　　　　　　　　　　　東京都市大学付属小学校

・上の段に描いてある動物の名前の2番目の音と、下の段に描いてある動物の名前の1番目の音が同じものを選んで、点と点を線で結びましょう。

B　　　　　　　　　　　　　　　　　　　関西学院初等部

・カメラの中にはカメという生き物の名前が隠れていますね。それでは、左の四角の中のもので、動物の名前が隠れているものはどれですか。○をつけましょう。右の四角も同じようにやりましょう。

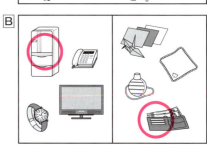

正解力 Tips　Aは音の順番です。Bの言葉の中の動物探しはクイズのように楽しみましょう。「トラック」など、ほかの例をいくつか挙げてもよいですね。

言語・常識　実践編1

 3　言葉探し③

A　　　　　　　　　　　　　　　　　　　湘南白百合学園小学校

・左上の二重丸のシカから右下の二重丸のヤシの木まで、名前のどこかに「シ」の音があるものを全部通るように線を引きましょう。ただし、同じところを2回通ってはいけません。

B　　　　　　　　　　　　　　　　　　　東洋英和女学院小学部

・四角の中で、名前に「パピプペポ」の音が入っているものに○、つまった音が入っているものに×、どちらも入っているものに◎をつけましょう。

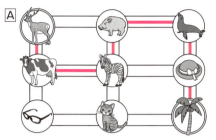

正解力Tips　普段使っている言葉にも濁る音、つまる音などがあることに意識を向けてみましょう。字を覚えるきっかけにもなります。

 4　言葉探し④

A　　　　　　　　　　　　　　　　　　　国立学園小学校

・左上にある貝は下から読むと「イカ」となり、違うものの名前になります。このように、上から読んでも下から読んでもものの名前になる絵を四角の中から選んで○をつけましょう。

B　　　　　　　　　　　　　　　　　　　立教女学院小学校

・上の四角を見ましょう。「カンガルー」のように2番目の音が「ン」のものに○、「コマ」のように「コ」の音で始まるものに×、「カマキリ」のように「カ」で始まり、「リ」で終わるものに◎を、下の四角の中から探して、それぞれ合う印をつけましょう。

正解力Tips　Aは言葉遊びの経験がベースになります。Bは約束をしっかり覚えないと正解できません。条件を整理して聞き取りましょう。

▶ 言語・常識　実践編1

5 言葉探し⑤ ★★

A　洗足学園小学校

・絵の右側に、それぞれの名前の音の数だけ四角があります。上から名前を入れたとき、「ミ」の音がくる四角に○をかきましょう。

B　聖心女子学院初等科

・四角の中にいろいろなものが描いてあります。名前のどこかに「ン」の音がつくものに○をつけましょう。

➕正解力 Tips　何の絵か確かめ、絵の名前がいくつの音でできているかを考えます。指定された「ミ」や「ン」は何番目の音でしょうか。

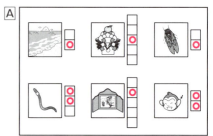
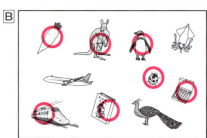

6 同頭語① ★

A　立教女学院小学校

・名前が「カ」の音で始まるものに○をつけましょう。

B　関西大学初等部

・名前が、真ん中の小さい四角に描いてあるものと同じ音で始まるものはどれですか。○をつけましょう。

➕正解力 Tips　同頭語探しは一番わかりやすい言葉遊びです。しりとりのベースにもなるので、いろいろな音を選んで遊んでみましょう。

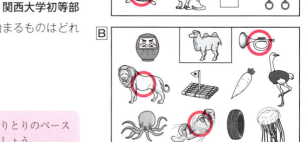

7 同頭語② ★

A　湘南白百合学園小学校

・並んでいる2枚の絵の名前の最初の音が同じものを探して、下の四角に○をかきましょう。

B　湘南白百合学園小学校

・上と下にある絵の名前の最初の音が同じもの同士を選んで、点と点を線で結びましょう。

➕正解力 Tips　絵のものを正しく認識しているかどうか、きちんと声に出して言ってみましょう。Bは易しい問題なのでスピードが重要です。

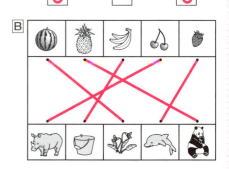

言語・常識 実践編1

 8 同頭語・同尾語①

国立学園小学校

・上の段です。「タ」の音から始まるものに○をつけましょう。
・下の段です。「カ」の音で終わるものに○をつけましょう。

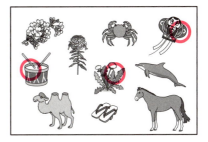

⊕ 正解力 Tips　正しい名前を知らないと、同頭音も同尾音も正解できません。絵のタッチが変わっても、何なのか判断できることが大切です。

 9 同頭語・同尾語②／言葉作り①

A 同頭語・同尾語　　　　　　　　　　　　　　　　昭和学院小学校

・上の絵と下の絵の中から、名前の初めの音も終わりの音も同じもの同士を選び、点と点を線で結びましょう。

B 言葉作り　　　　　　　　　　　　　　　　　　立命館小学校

・上のお手本を見ましょう。「ツル、キリン、ネコ」の最初の音をうまく並べてつなぐと「キツネ」になり、キツネに○がついていますね。下の段も同じように、最初の音をつないでできるものを探して○をつけましょう。

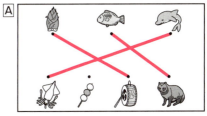

⊕ 正解力 Tips　言葉作りの問題は、頭の中で初めの音と終わりの音をしっかり把握しておくことが大切です。あいまいなものをなくしましょう。

▶ 言語・常識　実践編1

　同頭語・同尾語③　

A　　　　　　　　　　　　　　　　　　　日本女子大学附属豊明小学校

・ハートのところです。「ウ」の音で始まるものに○をつけましょう。
・ダイヤのところです。「カ」の音で始まるものに○をつけましょう。
・丸のところです。真ん中に「イ」の音がつくものに○をつけましょう。
・三角のところです。「キ」の音で終わるものに○をつけましょう。

B　　　　　　　　　　　　　　　　　　　洗足学園小学校

・上のお手本の絵を見ましょう。左側の「とけい」と「トマト」のように初めの音が同じならば下の四角に○、右側の「ふうせん」と「メロン」のように終わりの音が同じならば下の四角に×をかきます。下も同じように全部やりましょう。

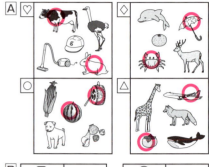
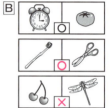

➕ 正解力 Tips　Aは印ごとに問題が違います。Bは同頭音、同尾音を探す問題ですが、印の約束を間違えずに解答することが大切です。

　同頭語・同尾語④　

東洋英和女学院小学部

・1段目です。左端の絵の名前の最初の音と同じ音で始まるものを、右の四角から選んで○をかきましょう。印は右上の四角にかいてください。
・2段目です。左端の絵の名前と最後の音が同じものを選んで◎をかきましょう。
・3段目です。左端の絵の名前の最後の音で始まるものを選んで×をかきましょう。
・4段目です。左端の絵の名前の最初の音と、同じ音で終わるものを選んで△をかきましょう。
・5段目です。左端の絵の名前の真ん中の音で始まるものに□をかきましょう。

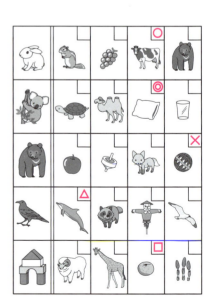

➕ 正解力 Tips　10と同様、1問ずつ問題が違うので聞き取りが大切です。思い込みや勘違いをしないよう、しっかり聞く姿勢をつくりましょう。

言語・常識　実践編1

12　同頭語・同尾語⑤ ★★★

桐蔭学園小学部

・右上の矢印から左下の矢印まで、マス目に描いてあるものの最初の音、または最後の音が同じものを探して線を引きます。左上を見ましょう。いすとイカは最初の音が同じで、イカとスイカは最後の音が同じですから、線が引いてあります。では同じように、最初の音か最後の音が同じものを選びながら、右上の矢印から左下の矢印まで線を引いていきましょう。ただし、縦、横には進めますが、斜めに進むことはできません。

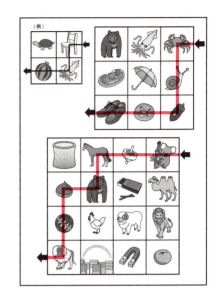

正解力 Tips　同頭語、同尾語どちらを探すか指定されていないため、とまどうかもしれません。さまざまな設問形式にも慣れましょう。

13　同尾語① ★

Ⓐ　　　　　　　　　　　　　　　　　　　　　横浜雙葉小学校
・ドングリのように「リ」の音で終わるものに〇をつけましょう。

Ⓑ　　　　　　　　　　　　　　　　　　　　　同志社小学校
・鉛筆のように「ツ」の音で終わるものに〇をつけましょう。

Ⓒ　　　　　　　　　　　　　　　　　　　　　目黒星美学園小学校
・左の絵と同じ音で終わるものを右から選んで〇をつけましょう。

正解力 Tips　最後の音を指定されています。知っているものを確実に解答できるようにすることが、スピードアップと自信につながります。

14　同尾語② ★★

国府台女子学院小学部

・上、真ん中、下のそれぞれの段から、名前の最後の音が同じもの同士を選び、点と点を線で結びましょう。

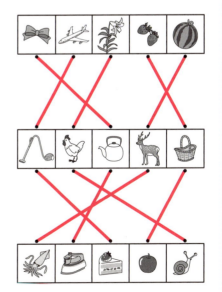

正解力 Tips　上中下の各段から同じ音で終わるものを探します。きちんと点と点を結ぶこと、分かるものからとりかかることがポイントです。

▶ 言語・常識　実践編1

同音異義語①／動作を表す言葉① ★★

A 同音異義語　　　　　　　　　　　　　　　白百合学園小学校

・「かける」ということをしている絵に○をつけましょう。

B 動作を表す言葉　　　　　　　　　　　　　関西学院初等部

・絵の中で「ふる」ではないものに○をつけましょう。

➕正解力Tips　絵を見て何をしているところかを判断することが大切です。「かける」「ふる」の前に「○○を」と言葉を入れて考えましょう。

同音異義語② ★★

国立学園小学校

・上の段です。いろいろなことをしている上と下の絵を見て、同じ言い方をするもの同士の点と点を線で結びましょう。下の段も同じようにやりましょう。

➕正解力Tips　音が同じでも動作が違う絵を探します。動詞についても違う言い方がないか考える柔軟性が必要です。

同音異義語③ ★★

A　　　　　　　　　　　　　　　　　　　聖心女子学院初等科

・上のお手本の2つの「はし」のように、意味は違うけれど同じ言葉のものを選んで線で結びましょう。

B　　　　　　　　　　　　　　　　　　　立命館小学校

・「○○をとる」という言い方をする絵が3つあります。違う言い方をするものに○をつけましょう。

➕正解力Tips　Aは名詞には同じ言葉で違う意味のものがあることに気づくこと、Bは動詞の多様性に気づくよう、語彙を広げることが大切です。

10

言語・常識 実践編1

 18 同音異義語④／反対語 ★★

A 同音異義語　　　　　　　　　　　　　白百合学園小学校

・「きる」ことをしている絵に○をつけましょう。

B 同音異義語　　　　　　　　　　　　　白百合学園小学校

・「あげる」ことをしている絵に○をつけましょう。

C 反対語　　　　　　　　　　　　　　　立命館小学校

・それぞれの四角の中で、意味が反対になる言葉の組み合わせの絵がかいてある四角を選び、右上の四角の中に○をかきましょう。

 正解力 Tips　いずれもよく使われる言葉ですが、絵を正しく解釈できるかどうかがポイントです。A、Bは目的語を入れながら考えましょう。

 19 様子を表す言葉① ★

A　　　　　　　　　　　　　　　　　　さとえ学園小学校

これから言うことにあてはまる絵に○をつけましょう。

・おじいさんはたくさん歩いて「ヘトヘト」になりました。
・男の子はお友達を探して公園を「キョロキョロ」見回しました。
・男の子は教室の床を一生懸命「キュッキュッ」とふきました。

B　　　　　　　　　　　　　　　　　　淑徳小学校

・上の段です。フワフワするものはどれですか。○をつけましょう。
・真ん中の段です。コロコロするものはどれですか。○をつけましょう。
・下の段です。ヌルヌルするものはどれですか。○をつけましょう。

 正解力 Tips　表現を豊かにするために、様子を表す言葉は重要です。耳で聞くだけでなく自分でも使うような機会を作りましょう。

20 様子を表す言葉②

国立学園小学校

・左に描いてあるものの名前を2回続けて言ったときにできる言葉と合う様子の絵を右から選んで、点と点を線で結びましょう。1つやってみましょう。左の一番下は缶ですね。2回続けるとカンカンとなります。右のどの絵になるか線で結びましょう。

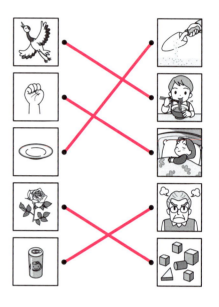

➕ 正解力 Tips　左の絵と右の様子の絵の関連を考えます。発想を転換できる柔軟な思考が必要です。楽しみながらやりましょう。

21 様子③／動作を表す言葉②

立教女学院小学校

・★1つの段です。ポツポツという言葉に合うものに○をつけましょう。
・★2つの段です。ビュービューという言葉に合うものに○をつけましょう。
・★3つの段です。ポカポカという言葉に合うものに○をつけましょう。
・★4つの段です。大雪が降っている絵に○をつけましょう。
・▲1つの段です。うつぶせになっている絵に○をつけましょう。
・▲2つの段です。逆上がりをしている絵に○をつけましょう。
・▲3つの段です。手押し車をしている絵に○をつけましょう。
・▲4つの段です。肩車をしている絵に○をつけましょう。

➕ 正解力 Tips　上は自然の様子、下は日常の動作を表す言葉です。会話の中にこれらの言葉を織り交ぜ、状況描写や表現の理解を深めましょう。

言語・常識　実践編1

22 動作を表す言葉③ ★

横浜雙葉小学校

A
・「あおむけ」という言葉に合う絵に○をつけましょう。
・「隣り合っている」という言葉に合う絵に△をつけましょう。
・「向かい合っている」という言葉に合う絵に×をつけましょう。

聖心女子学院初等科

B
・あやちゃんがおじいさんとおばあさんのお家に行くときに、いろいろと準備をしました。四角の中で「かぶる」ものには青で○、「はく」ものには赤で○をつけましょう。

正解力 Tips　情景の中の表現ですが、使えなくても言われたものは理解できることが多いと思います。会話でも正確な表現を心掛けましょう。

23 動作を表す言葉④ ★★

東洋英和女学院小学部

絵の中からお話と合うものを選び、絵の右上の小さな四角の中に言われた通りの印をかきましょう。
・「はく」ということをしている絵に◎をかきましょう。
・「しぼる」ということをしている絵に○をかきましょう。
・「たたむ」ということをしている絵に×をかきましょう。
・「みがく」ということをしている絵に□をかきましょう。
・「そそぐ」ということをしている絵に△をかきましょう。
・「つむ」ということをしている絵に◇をかきましょう。

正解力 Tips　すべて知っているはずの言葉です。解答ではない動作についてもきちんと言えるようにしておきましょう。

▶ 言語・常識　実践編1

　言葉作り② ★★

A　　　　　　　　　　　　　　　　　　　開智小学校（総合部）

・上の長四角にある4つの絵の名前のうち、どれか2つを合わせてできるものを下の四角から選んで○をつけましょう。

B　　　　　　　　　　　　　　　　　　　横浜雙葉小学校

・左の四角の中のものの最初の音をつないでできるものを、右側から選んで○をつけましょう。

正解力 Tips　Aは上の絵の名前が入っているものを下の中からまず探しましょう。その後で、残った音に合うものを上から探しましょう。

　言葉作り③ ★★

光塩女子学院初等科

・1段目と2段目です。左側に描いてあるものの初めの音をつなげてできる言葉を、右側から探して○をつけましょう。

・3段目です。左側の絵の最後の音をつなげてできる言葉を、右側から探して○をつけましょう。

・4段目です。左側の絵の真ん中の音をつなげてできる言葉を、右側から探して○をつけましょう。

正解力 Tips　左のお手本の最初の音、最後の音、真ん中の音だけを声に出してみましょう。特に真ん中の音は難しいので気をつけましょう。

　言葉作り④ ★★

A　　　　　　　　　　　　　　　　　　　湘南白百合学園小学校

・左端の四角にあるものの終わりの音をつなげると、どんな言葉になりますか。合うものを右側から選んで○をつけましょう。

B　　　　　　　　　　　　　　　　　　　洗足学園小学校

・左端の絵の名前を、右にある絵の最初の音をつないで作ります。最後の音は右端に描いてありますので、そのほかの音を作れるものを選んで○をつけましょう。

正解力 Tips　まずは左に描いてあるものの名称がきちんと理解できていることが大切です。わからないものは確認しましょう。

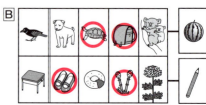

14

言語・常識　実践編1

27　言葉作り⑤　★★★

A　　　　　　　　　　　　　　　　　　　　さとえ学園小学校

・左の四角の中には、絵のものの音の数だけその下に○があります。そのうち●の音をつなげるとできる言葉を右から選び、点と点を線で結びましょう。

B　　　　　　　　　　　　　　　　　　　　横浜雙葉小学校

・上の四角の中の3つのものの最初の音を結んでできるものを下から探して、それぞれ点と点を線で結びましょう。

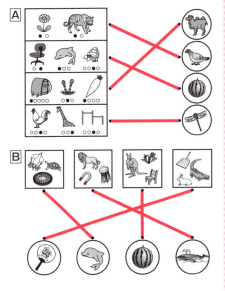

> **正解力Tips**　Aはいくつめの音になるのか、その音が何なのかを対応させましょう。またいくつの音でできるものかを考えましょう。

28　言葉作り⑥　★★★

A　　　　　　　　　　　　　　　　　　　　さとえ学園小学校

今から言う言葉の最後の音と、最後から2番目の音を入れ替えると、ある言葉ができます。その言葉を表す絵を選んで言われた印をつけましょう。
・「サ・ラ・ク」はどの絵になりますか。あてはまる絵に○をつけましょう。
・「ス・レ・ミ」はどの絵になりますか。あてはまる絵に△をつけましょう。
・「ア・ジ・イ・サ」はどの絵になりますか。あてはまる絵に□をつけましょう。

B　　　　　　　　　　　　　　　　　　　　国府台女子学院小学部

・左の四角の中に描いてある3つの絵の名前から、1つずつ音をとってつなげるとどんな言葉になりますか。右側から選んで○をつけましょう。選ぶ音は何番目でもよいですよ。

> **正解力Tips**　Aは最後の音を入れ替えるので、最初の音から見当をつけて考えること、Bは左の絵の音から連想してみましょう。

言語・常識　実践編1

29　言葉作り⑦　★★★

雙葉小学校

・上に描いてある絵のそれぞれ真ん中の音をとって並べ替えると、どのような言葉ができますか。できた言葉がどの季節のものかを考えて、それぞれ下の段の4つの季節の絵から合うものを選び、○をつけましょう。

正解力Tips　言語と常識の複合問題です。まず真ん中の音を考え、その後仲よしの季節を探します。わからない絵はほかの絵から推測します。

30　言葉作り⑧　★★★

A　光塩女子学院初等科

・1段目です。左の四角に描いてあるものの最初の音をつなげると、右の四角に描いてあるものができます。どれを使えばよいですか。使うものに○をつけましょう。
・2段目です。左の四角に描いてあるものの最後の音をつなげると、右の四角に描いてあるものができます。どれを使えばよいですか。使うものに○をつけましょう。
・3段目です。左の四角に描いてあるものの真ん中の音をつなげると、右の四角に描いてあるものができます。どれを使えばよいですか。使うものに○をつけましょう。
・4段目です。左の四角に描いてあるものの最初の音をつなげると、右の四角に描いてあるものができます。使わないものに×をつけましょう。

B　西武学園文理小学校

・左の四角の中のものの初めの音をつなげてできるものを、右側から選んで○をつけましょう。
・左の四角の中のものの最後の音をつなげてできるものを、右側から選んで○をつけましょう。

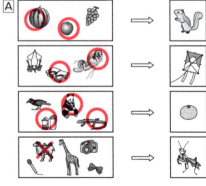

正解力Tips　Aはまず右側の絵の名前を明確に理解し、1音ずつ考えましょう。Bはいくつの音でできるものかを先に考えてみましょう。

言語・常識　実践編1

31　生活①

A　　　　　　　　　　　　　　　　　千葉日本大学第一小学校

・ごはんを食べているときの絵です。正しい絵を1つ選んで青のクーピーペンで○をつけましょう。
・手を洗っているときの絵です。正しい絵を1つ選んで青のクーピーペンで○をつけましょう。
・道路を歩くときの絵です。正しい絵を1つ選んで青のクーピーペンで○をつけましょう。

B　　　　　　　　　　　　　　　　　立命館小学校

・ごはんを食べるとき、使わないものに○をつけましょう。

正解力Tips　Aはそれぞれの絵の場面を理解することが大切です。正しい絵を選んだ後に、ほかの絵はなぜいけないのか話し合ってみましょう。

32　生活②

A　　　　　　　　　　　　　　　　　星野学園小学校

・左の食事のときに使うものを右から選び、点と点を線で結びましょう。
・お茶わんやおはしが正しく並べてある絵に○をつけましょう。

B　　　　　　　　　　　　　　　　　東洋英和女学院小学部

・お掃除のときに使うものに○をつけましょう。
・大工さんが使うものに×をつけましょう。

C　　　　　　　　　　　　　　　横浜国立大学教育学部附属横浜小学校

・毛糸でできているものはどれですか。上の段の合う絵に○をつけましょう。
・たくあんは何からできていますか。下の段の合う絵に○をつけましょう。

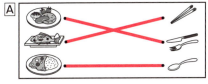

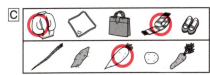

正解力Tips　お手伝いから、食器の正しい並べ方などを身につけましょう。また身の回りの道具の名称や用途をきちんと確認しておきましょう。

▶ 言語・常識　実践編1

 33 生活③　

Ⓐ　　　　　　　　　　　　　　　　　　　　　　　　　　　淑徳小学校

・これから遠足に行きます。どれを履いて行くとよいですか。○をつけましょう。
・テーブルにジュースをこぼしてしまいました。どれを使うとよいですか。○をつけましょう。
・おみそ汁をよそいます。どの入れ物に入れるとよいですか。○をつけましょう。

Ⓑ　　　　　　　　　　　　　　　　　　　　　　　　　　　淑徳小学校

・上の人たちが使うものはどれですか。下から探して点と点を線で結びましょう。

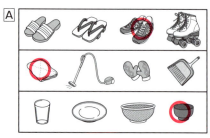

➕ 正解力 Tips　どんなときに何を使うか、日常生活でも自分で考えて選択できるといいですね。職業の仕事内容も説明できるようにしましょう。

 34 生活④　

Ⓐ　　　　　　　　　　　　　　　　　　　　　　　　　　　関西学院

・目の不自由な人のためにあるものはどれですか。○をつけましょう。

Ⓑ　　　　　　　　　　　　　　　　　　　　　　　　　　　成城学園初等学校

・（点字ブロックの絵を見せて）何のためにこれがあるか、お話ししてください。
・（車いすの絵を見せて）どんな人が使うか、お話ししてください。

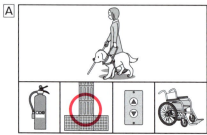

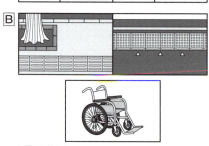

※Ⓑは解答省略

➕ 正解力 Tips　このほかの公共のマークはどこにあるのか、どのような意味なのかを理解しながら、他者を思いやる心も育んでいきましょう。

言語・常識　実践編1

 生活⑤　

暁星小学校

・1段目です。「さす」ものに○をつけましょう。
・2段目です。お行儀よくごはんを食べている絵に○をつけましょう。
・3段目です。外を歩いていたら、知っている大人の人に会ったのであいさつをしています。あいさつの仕方がよい絵に○をつけましょう。
・4段目です。燃えるゴミに出してよいものに○をつけましょう。

正解力 Tips　ほかの同音異義語も探してみましょう。食事やあいさつなどでの正しい様子を選ぶことは、生活習慣の見直しにもつながります。

 生活⑥　

A

カリタス小学校

・4つの絵を見てください。靴の脱ぎ方で正しいと思う絵に○をつけましょう。

B

横浜雙葉小学校

・絵の中で電気を使うものに○、お水がいるものに△をつけましょう。

正解力 Tips　日常生活の中でどうしても必要なものを考えるとともに、電気や水を大切に使うことの大事さを話していきましょう。

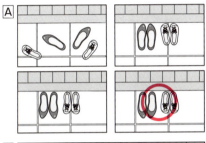

 生活⑦　

千葉大学教育学部附属小学校

・左から順番に絵が並んでいます。「？」のところにはどんな絵が入るとよいですか。絵の中でしていることの続きを考えて、すぐ下から正しい絵を選んで○をつけましょう。

正解力 Tips　時系列で考えるためには、どのような場面なのかを理解する必要があります。絵の変化に着目してお話を作ってみましょう。

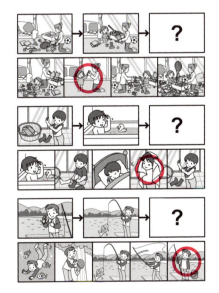

▶ 言語・常識　実践編1

季節① ★

A　　　　　　　　　　　　　　　　　　　　　　　淑徳小学校

・上の絵と仲よしの絵を下から選び、点と点を線で結びましょう。

B　　　　　　　　　　　　　　　　　　　　　　　立命館小学校

・左の絵と仲よしの絵を右から見つけて、点と点を線で結びましょう。

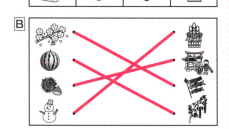

正解力 Tips　季節のものや年中行事については、家族で体験しながら季節を感じられるようにしていきましょう。

季節② ★★

A　　　　　　　　　　　　　　　　　　　　　　　田園調布雙葉小学校

・夏のものに赤のクーピーペンで○、冬のものに青のクーピーペンで○をつけましょう。

B　　　　　　　　　　　　　　　　　　　　　　　成城学園初等学校

（右の9枚の絵を切り、絵カードにする）

・左端の季節の絵と仲よしのカードを、それぞれ右の長四角に置きましょう。

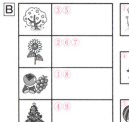

正解力 Tips　夏と冬は対照的な季節です。特に飾るものや使うものは、その目的を考えると答えにつながりやすくなります。

季節③ ★★

A　　　　　　　　　　　　　　　　　　　　　　　カリタス小学校

・秋のものに○、冬のものに×をつけましょう。

B　　　　　　　　　　　　　　　　　　　　　　　関西大学初等部

・スイカの季節の前の季節のものに○をつけましょう。
・カキの季節の次の季節のものに○をつけましょう。

正解力 Tips　Bは、まず左端の絵がどの季節のものなのかを考えましょう。そのうえで、春夏秋冬の順番を考えて解答につなげましょう。

言語・常識　実践編1

 季節④

東洋英和女学院小学部

絵の中からお話に合うものを選び、右上の四角に言われた印をかきましょう。
・春と仲よしのものに×をかきましょう。
・夏と仲よしのものに◎をかきましょう。
・秋と仲よしのものに○をかきましょう。

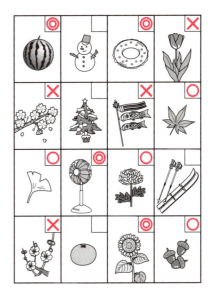

＋正解力Tips　季節の理解はもちろんのこと、端から順に見ていき、見落としのないよう気をつけましょう。残りはすべて冬と仲よしですね。

 季節⑤

田園調布雙葉小学校

・円の中に季節の順番に絵が並んでいます。○、△、□のところには、それぞれどんな絵が入るとよいですか。正しい絵を下から探して、○、△、□の印をつけましょう。

＋正解力Tips　1月から順に12月までが1年の流れですが、円の中にある絵が何月の絵かを考えましょう。そのうえで前後の月を考えます。

 季節⑥

A

東京学芸大学附属小金井小学校

・絵が季節の順に正しく並んでいる段に○をかきましょう。○は右の小さな四角にかきましょう。

B

東京学芸大学附属小金井小学校

・雪が溶けて春になったときの絵です。おかしいところに○をつけましょう。

＋正解力Tips　Aは横に並んでいますが、42と同様に1年の流れをつかむことが大切です。Bは春の季節にないものを探します。

▶ 言語・常識　実践編1

44　身体の部位 / なぞなぞ① ★

A 身体の部位　　　　　　　　　　　　　　　森村学園初等部

・ひじの場所はどこですか。その場所をさしている四角に○をかきましょう。

B なぞなぞ　　　　　　　　　　　　　　　洗足学園小学校

・わたしは物を貼るときに使います。好きな長さに切って使います。透明です。わたしに○をつけましょう。
・わたしは握って使います。切るときに使います。台の上に野菜などを置いて使います。わたしに△をつけましょう。
・わたしは握って使います。木を切るときに使います。ギザギザしています。わたしに×をつけましょう。

➕ **正解力 Tips**　Aはまず自分の体で確かめて、絵でも判断できるようにしましょう。Bは複数の条件すべてを満たすものを探しましょう。

45　なぞなぞ② ★★

A　　　　　　　　　　　　　　　　　　聖心女子学院初等科

今から言うことに全部あてはまるものを選んで、合う絵の下の四角に○をかきましょう。
・上です。ハンドルがついていません。履きません。食べられません。
・下です。飛べません。水の中にすんでいません。風を送りません。

B　　　　　　　　　　　　　　　　　　白百合学園小学校

お話に合うものをそれぞれ選んで○をつけましょう。
・左の四角です。お話が上手な道具は何ですか。
・真ん中の四角です。入口が1つで出口が3つのものはどれですか。
・右の四角です。世界の真ん中にいる虫は何ですか。

C　　　　　　　　　　　　　　　　　　立命館小学校

今から3つなぞなぞを出します。
「漕いでも漕いでも進まないものな〜んだ」
「雨の日に働いて、晴れの日にはお休みするものな〜んだ」
「走っても走っても、ついてくるものな〜んだ」
・今の答えの絵が左から順番に正しく並んでいる四角を選んで、右上の四角の中に○をかきましょう。

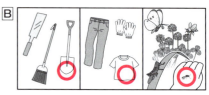
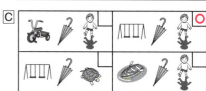

➕ **正解力 Tips**　なぞなぞのような言葉遊びは、発想力、言語力を豊かにします。道具がなくてもできますので、親子で楽しく遊びましょう。

46　3ヒント　★★

東洋英和女学院小学部

上の絵を見ましょう。3つの言葉に合うものを選び、右上の四角に言われた印をかきましょう。
・「黄色」「秋」「葉っぱ」に合う絵に〇をかきましょう。
・「紫」「甘い」「果物」に合う絵に△をかきましょう。
・「赤」「秋」「葉っぱ」に合う絵に◎をかきましょう。
・「夏」「黄色」「花」に合う絵に×をかきましょう。

下の絵を見ましょう。3つの言葉に合うものを選び、右上の四角に言われた印をかきましょう。
・「虫」「細い」「飛ぶ」に合う絵に〇をかきましょう。
・「虫」「夏」「つの」に合う絵に△をかきましょう。
・「黒」「2本足」「くちばし」に合う絵に◎をかきましょう。
・「白」「鳥」「卵」に合う絵に×をかきましょう。

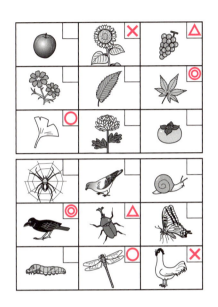

 正解力 Tips　3つ全てと思うより、1つ条件を言われるごとに、答えを絞っていくようにすると見つけやすくなります。

 47　仲間探し①　★

立教女学院小学校

・☆1つのところです。おたまと仲よしのものに〇をつけましょう。
・☆2つのところです。炒めものをするとき、さいばしのほかに使うものに〇をつけましょう。
・☆3つのところです。トマトを育てるときに植木鉢のほかに使うものに〇をつけましょう。
・△1つのところです。左に描いてあるしっぽはどの動物のものですか。右から選んで〇をつけましょう。
・△2つのところです。お姉さんが電話に出て、お兄さんへの伝言をメモしようとしています。メモ帳のほかに、なにかを探しています。あるとよいものに〇をつけましょう。
・△3つのところです。洋服を着替えようとしてTシャツを着ました。下は、何を身につけたらよいでしょう。右から選んで〇をつけましょう。
・△4つのところです。女の子がお母さんに髪を切ってもらいます。お母さんが使うものに〇をつけましょう。

 正解力 Tips　日常で目にする道具は名前と用途をしっかり確認しておきましょう。動物のしっぽなどは、実物を見る機会をつくりましょう。

▶ 言語・常識　実践編1

仲間探し② ★

関西大学初等部

・左の四角の中のものは仲間です。どんな仲間か考えて、右の四角の中から同じ仲間だと思うものを２つ選んで○をつけましょう。

 正解力Tips　楽器の仲間とはわかっても、どのように音を鳴らすのかを知っていますか。道具は使い方や機能まで理解できるといいですね。

仲間探し③ ★★

A　　関西大学初等部

・上のいろいろなスポーツをしている人たちと仲よしの場所を下から選んで、点と点を線で結びましょう。

B　　聖心女子学院初等科

・一番上のいろいろなお仕事をしている人と仲よしのものを真ん中と一番下から１つずつ選び、上と真ん中、真ん中と下を線で結びましょう。

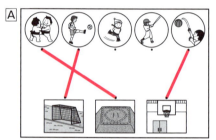
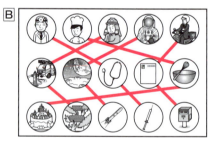

 正解力Tips　常識項目では、実際に見るなどの生活経験の差が表れます。身の回りのものに意識を向け、知識を整理することが大切です。

仲間探し④ ★★

A　　白百合学園小学校

・上の絵と下の絵で同じ数え方をするもの同士の点と点を線で結びましょう。

B　　白百合学園小学校

・上の絵のものの足跡や通った跡はどのようになりますか。下から選んで点と点を線で結びましょう。

 正解力Tips　数詞は算数での単位の考え方につながります。足跡や跡は動物の特徴やタイヤの動き方などと関連づけて確認しておきましょう。

言語・常識　実践編1

仲間探し⑤

東洋英和女学院小学部

・それぞれ一番上の段の絵と仲よしのものを、下の4つの絵の中から選んで、左上の小さな四角の中に○をかきましょう。

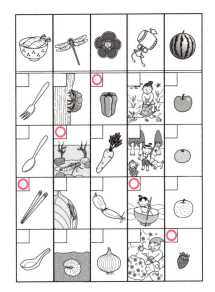

正解力 Tips どのような仲よしのものを求めているのかが各列で異なります。選択肢から推理しながら取り組む対応力もポイントです。

仲間分け①

A
同志社小学校

・それぞれの段で、仲間ではないものを見つけて○をつけましょう。

B
湘南学園小学校

・四角の中で仲間ではないものはどれですか。○をつけましょう。

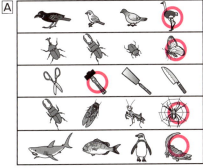

正解力 Tips 同じ鳥や虫の仲間でもどこが違うのか、生育場所や育ち方、活動の仕方など幅広い視点から一つずつ見ていけるとよいですね。

仲間分け②

A
田園調布雙葉小学校

・それぞれの段で仲間ではないものを選び、青で○をつけましょう。

B
清泉小学校

・それぞれの段で仲間ではないものに○をつけましょう。

正解力 Tips 具体的なものや生き物以外にも、形や線などの特徴での仲間分けもあります。直線や曲線、角の数にも注意を向けましょう。

▶ 言語・常識　実践編1

 仲間分け③ ★★

雙葉小学校

・それぞれの段に仲よしのものが描いてありますが、1つだけ仲よしでないものがあります。それぞれ選んで○をつけましょう。

➕ 正解力Tips　どのような仲よしかを類推する点、題材の幅広さが難しいところです。視点の持ち方を多様にする実践力を養っていきましょう。

 仲間分け④ ★★

千葉日本大学第一小学校

それぞれの段に1つだけ仲間ではないものがあります。上の段から順番にどんな仲間かお話を聞いて、仲間ではないものに○をつけましょう。
・空を飛ぶことができる鳥たちです。
・実ができる場所が一緒です。
・食べるものが一緒です。
・花が咲く季節が一緒です。
・卵で生まれるのが一緒です。

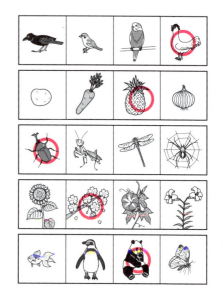

➕ 正解力Tips　よく目にする生き物や口にする食べ物も、生育の仕方を知らないことは多いようです。関心を持つきっかけを与えてみましょう。

言語・常識　実践編1

 56　複合①

雙葉小学校

- リンゴの段です。一番体が大きい動物に○をつけましょう。
- イチゴの段です。一番体が小さい生き物に○をつけましょう。
- サクランボの段です。一番速い乗り物に○をつけましょう。
- ブドウの段です。一番小さい乗り物に○をつけましょう。
- バナナの段です。一番種が大きいものに○をつけましょう。

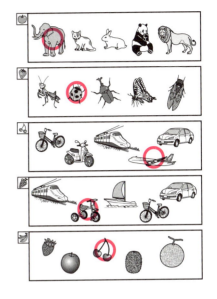

正解力 Tips　幼児は実際の大きさや速さの感覚をつかむことが難しいので、経験した際に記憶に残るような声掛けをすることが大切です。

 57　複合②

暁星小学校

- 1段目です。左端の水槽に石を入れると水槽の中の水はどうなりますか。右側から選んで○をつけましょう。
- 2段目です。飛ばない生き物に○をつけましょう。
- 3段目です。この中で仲間ではないものに○をつけましょう。
- 4段目です。お行儀が悪く、してはいけないことをしている子に○をつけましょう。

正解力 Tips　1段目はそれぞれの絵の違いとお手本からどう変化したかを理解すること、4段目はどのような描写の絵なのかを理解する観察力が必要です。

▶ 言語・常識　実践編1

58　複合③ ★★

雙葉小学校

- 一番上の段です。わたしは土の中にできます。切ると涙が出ます。合うものに○をつけましょう。
- 2段目です。わたしは花です。黄色で夏に咲きます。合うものに○をつけましょう。
- 3段目です。わたしは野菜の仲間です。緑色ですき間がたくさんあります。合うものに○をつけましょう。
- 4段目です。わたしは雨の日に使います。2つで1つのものです。合うものに○をつけましょう。
- 一番下の段です。わたしは泳ぐのが得意です。短い名前です。合うものに○をつけましょう。

正解力Tips　なぞなぞの形式は問題をしっかり聞き、選択肢を見ながら条件に合わないものを手際よく消去して進められるかがポイントです。

59　複合④ ★★

暁星小学校

- 1段目です。お年寄りや体の不自由な人のためのマークに○をつけましょう。
- 2段目です。お行儀が悪い人に○をつけましょう。
- 3段目です。全部本物だとすると一番大きいものはどれですか。○をつけましょう。
- 4段目です（ゆっくり次の言葉を言う）。「バス　自動車　自転車　電車」初めに言ったものと終わりに言ったものに○をつけましょう。

正解力Tips　交通標識の知識は通学への準備にもなります。3、4問目は絵を見ただけでは問題が想像できないので、素直に指示を聞く姿勢と気持ちの切り替えが必要です。

言語・常識　実践編1

習熟度 Check sheet

各問題の評価ランクは、下記の評価基準をもとに評価点のあてはまる点数を○で囲み、線でつないでください。

1... 解答の正解数がゼロ　**2**... 解答の正解数が1つ　**3**... 解答の正解数が約半分　**4**... 解答の正解数が約3分の2　**5**... 解答が全問正解

問題番号	項目	実施日	評価ランク	memo
1	言葉探し①	・	1　2　3　4　5	
2	言葉探し②	・	1　2　3　4　5	
3	言葉探し③	・	1　2　3　4　5	
4	言葉探し④	・	1　2　3　4　5	
5	言葉探し⑤	・	1　2　3　4　5	
6	同頭語①	・	1　2　3　4　5	
7	同頭語②	・	1　2　3　4　5	
8	同頭語・同尾語①	・	1　2　3　4　5	
9	同頭語・同尾語②/言葉作り①	・	1　2　3　4　5	
10	同頭語・同尾語③	・	1　2　3　4　5	
11	同頭語・同尾語④	・	1　2　3　4　5	
12	同頭語・同尾語⑤	・	1　2　3　4　5	
13	同尾語①	・	1　2　3　4　5	
14	同尾語②	・	1　2　3　4　5	
15	同音異義語①/動作を表す言葉①	・	1　2　3　4　5	
16	同音異義語②	・	1　2　3　4　5	
17	同音異義語③	・	1　2　3　4　5	
18	同音異義語④/反対語	・	1　2　3　4　5	
19	様子を表す言葉①	・	1　2　3　4　5	
20	様子を表す言葉②	・	1　2　3　4　5	
21	様子③/動作を表す言葉②	・	1　2　3　4　5	
22	動作を表す言葉③	・	1　2　3　4　5	
23	動作を表す言葉④	・	1　2　3　4　5	
24	言葉作り②	・	1　2　3　4　5	
25	言葉作り③	・	1　2　3　4　5	
26	言葉作り④	・	1　2　3　4　5	
27	言葉作り⑤	・	1　2　3　4　5	
28	言葉作り⑥	・	1　2　3　4　5	
29	言葉作り⑦	・	1　2　3　4　5	
30	言葉作り⑧	・	1　2　3　4　5	
31	生活①	・	1　2　3　4　5	
32	生活②	・	1　2　3　4　5	
33	生活③	・	1　2　3　4　5	
34	生活④	・	1　2　3　4　5	
35	生活⑤	・	1　2　3　4　5	
36	生活⑥	・	1　2　3　4　5	
37	生活⑦	・	1　2　3　4　5	
38	季節①	・	1　2　3　4　5	
39	季節②	・	1　2　3　4　5	
40	季節③	・	1　2　3　4　5	
41	季節④	・	1　2　3　4　5	
42	季節⑤	・	1　2　3　4　5	
43	季節⑥	・	1　2　3　4　5	
44	身体の部位/なぞなぞ①	・	1　2　3　4　5	
45	なぞなぞ②	・	1　2　3　4　5	
46	3ヒント	・	1　2　3　4　5	
47	仲間探し①	・	1　2　3　4　5	
48	仲間探し②	・	1　2　3　4　5	
49	仲間探し③	・	1　2　3　4　5	
50	仲間探し④	・	1　2　3　4　5	
51	仲間探し⑤	・	1　2　3　4　5	
52	仲間分け①	・	1　2　3　4　5	
53	仲間分け②	・	1　2　3　4　5	
54	仲間分け③	・	1　2　3　4　5	
55	仲間分け④	・	1　2　3　4　5	
56	複合①	・	1　2　3　4　5	
57	複合②	・	1　2　3　4　5	
58	複合③	・	1　2　3　4　5	
59	複合④	・	1　2　3　4　5	

MEMO